Philippe Legendre

J'APPRENDS À DESSINER
la mer

FLEURUS
www.editionsfleurus.com

À l'attention des parents et des enseignants

Tous les enfants savent dessiner un rond, un carré, un triangle…
Alors ils peuvent aussi dessiner un dauphin, un crabe ou un voilier !
Notre méthode est facile et amusante. Elle apporte à l'enfant une technique
et un vocabulaire des formes dont se sert tout dessinateur.

La construction du dessin se fait par l'association de formes géométriques
créant un ensemble de volumes/surfaces. Il suffit ensuite, par une ligne droite,
courbe ou brisée, de donner son caractère définitif à l'esquisse.

En quelques coups de crayon un motif apparaît,
un peu de couleur et voici réalisée une belle illustration.

Cette méthode propose un apprentissage de la technique
et une première approche de la composition, des proportions, du volume,
de la ligne. Sa simplicité en fait une méthode où le plaisir
de dessiner reste au premier plan.

PHILIPPE LEGENDRE

Peintre-graveur et illustrateur, Philippe Legendre anime
aussi un atelier de peinture pour les enfants de 6 à 14 ans.
Intervenant souvent en milieu scolaire, il a développé
cette méthode pour que tous les enfants puissent
accéder à l'art du dessin.

Quelques conseils

1. Chaque dessin est fait à partir d'un petit nombre de formes géométriques qui sont indiquées en haut de la page. C'est ce qu'on appelle le vocabulaire de formes. Il peut te servir à t'exercer avant de commencer le dessin.

2. Fais l'esquisse du dessin au crayon et à main levée. Attention, pas de règle ni de compas !

3. Les pointillés indiquent les traits de construction qui doivent être gommés.

4. Une fois ton dessin terminé, colorie-le. Si tu veux, repasse en noir le trait de crayon. Et maintenant, à toi de jouer !

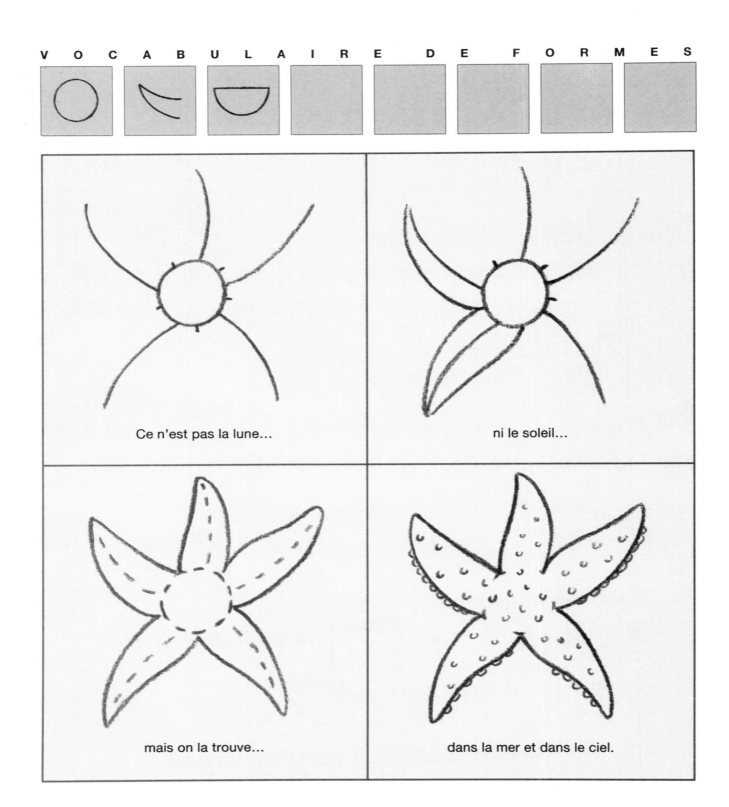

Ce n'est pas la lune...

ni le soleil...

mais on la trouve...

dans la mer et dans le ciel.

L'étoile de mer

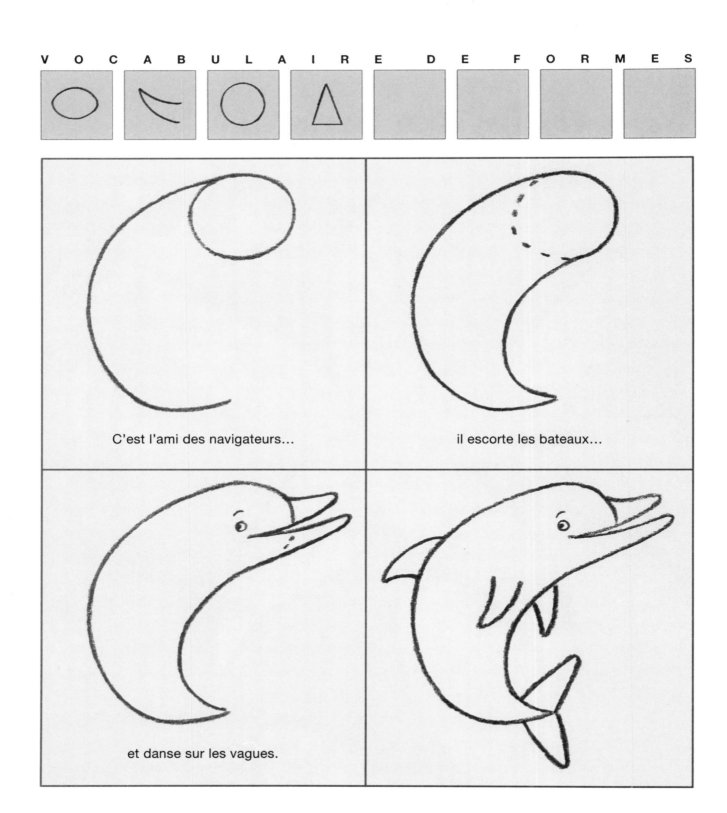

C'est l'ami des navigateurs...

il escorte les bateaux...

et danse sur les vagues.

Le dauphin

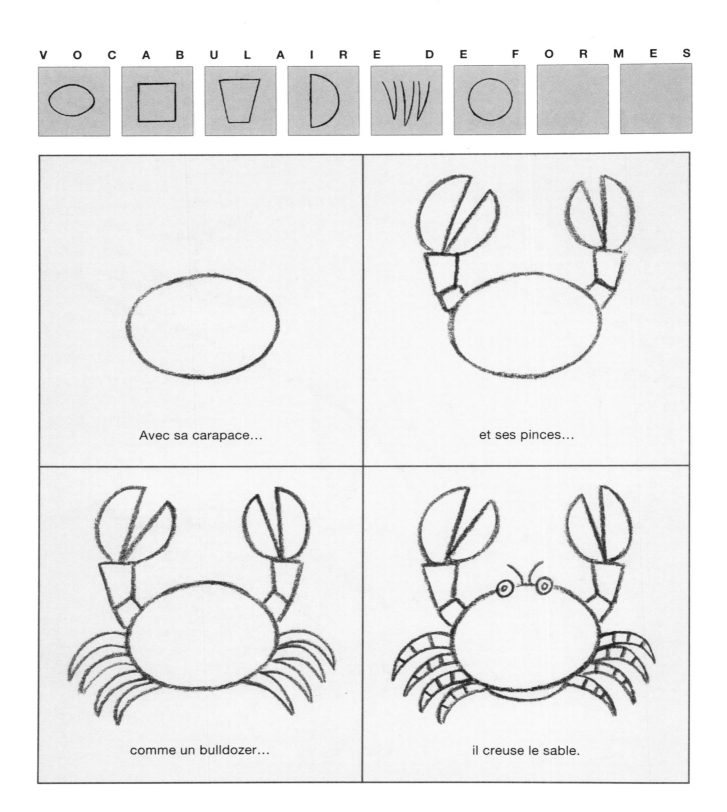

Avec sa carapace…

et ses pinces…

comme un bulldozer…

il creuse le sable.

Le crabe

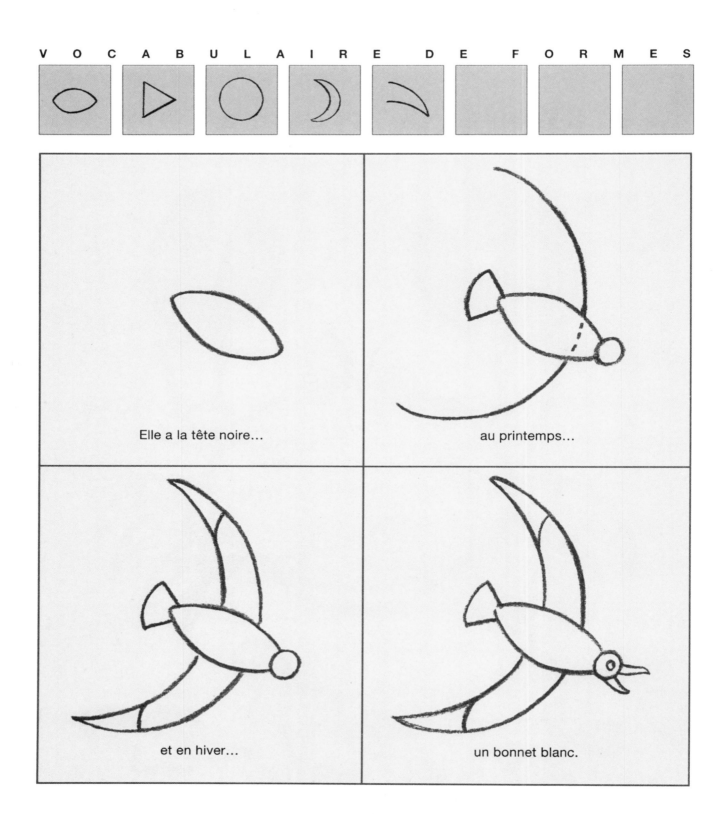

VOCABULAIRE DE FORMES

Elle a la tête noire...

au printemps...

et en hiver...

un bonnet blanc.

La mouette rieuse

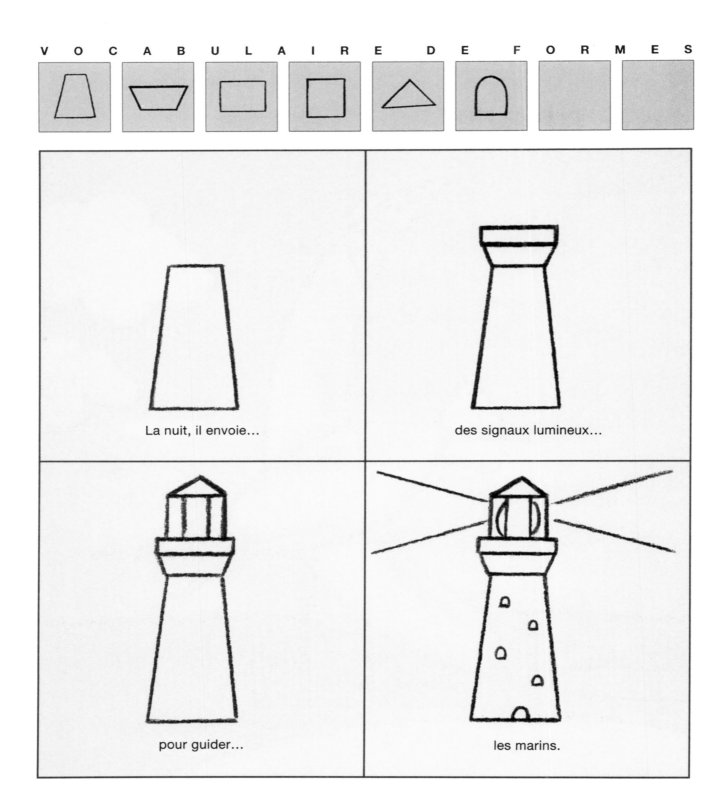

La nuit, il envoie...

des signaux lumineux...

pour guider...

les marins.

Le phare

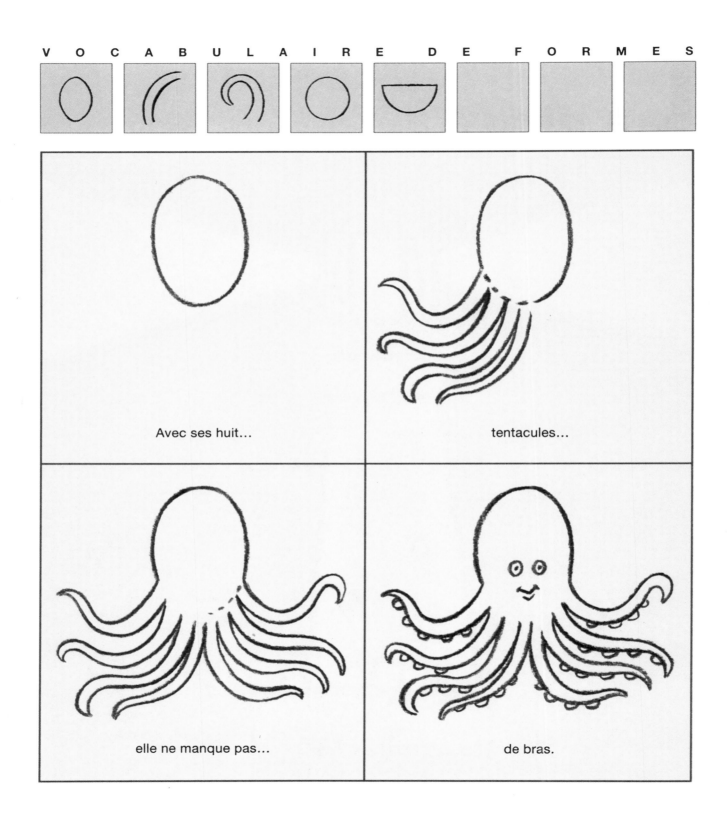

Avec ses huit…

tentacules…

elle ne manque pas…

de bras.

La pieuvre

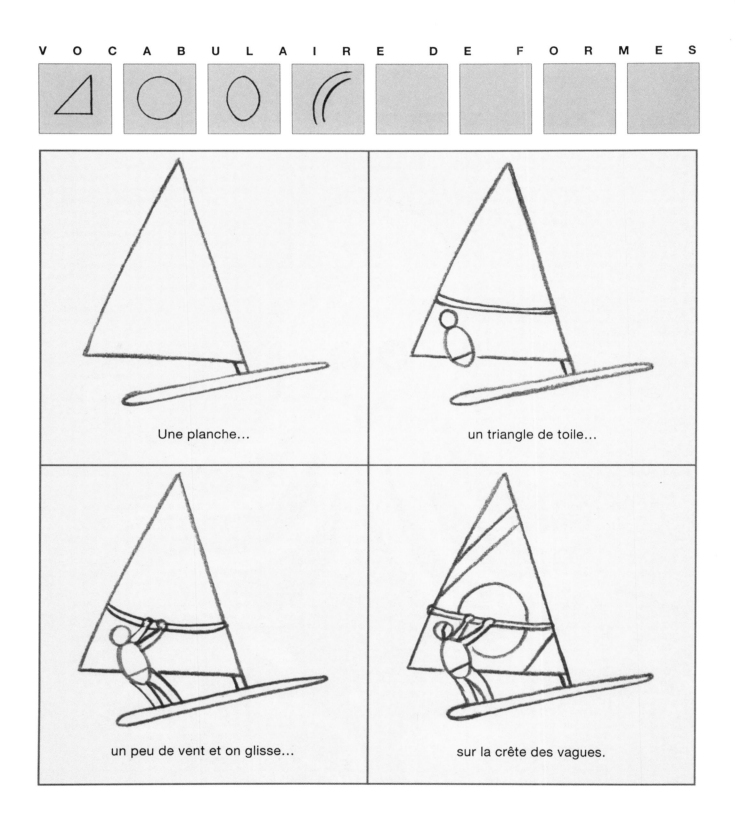

Une planche…

un triangle de toile…

un peu de vent et on glisse…

sur la crête des vagues.

La planche à voile

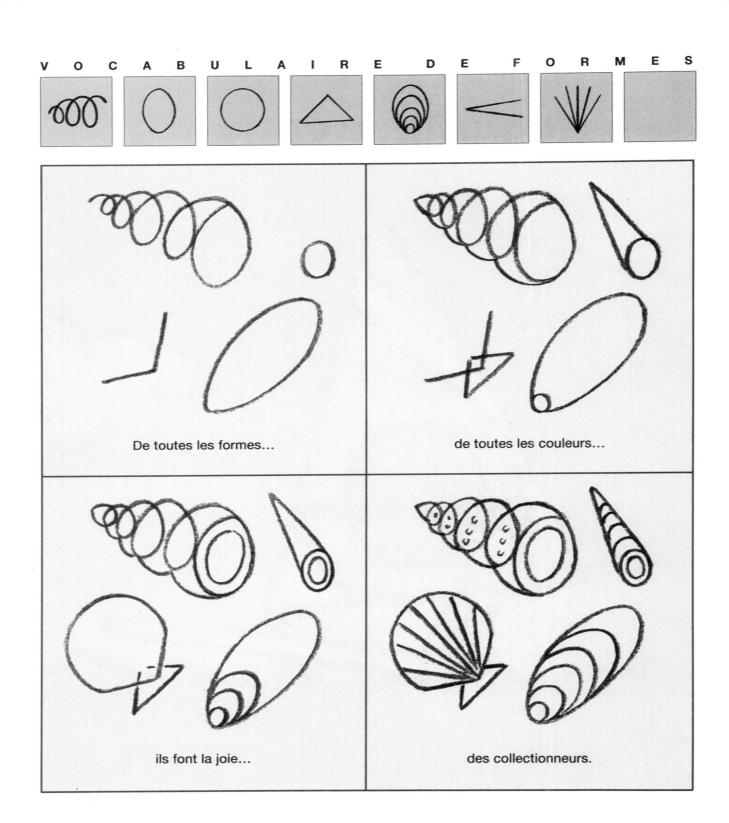

De toutes les formes…

de toutes les couleurs…

ils font la joie…

des collectionneurs.

Les coquillages

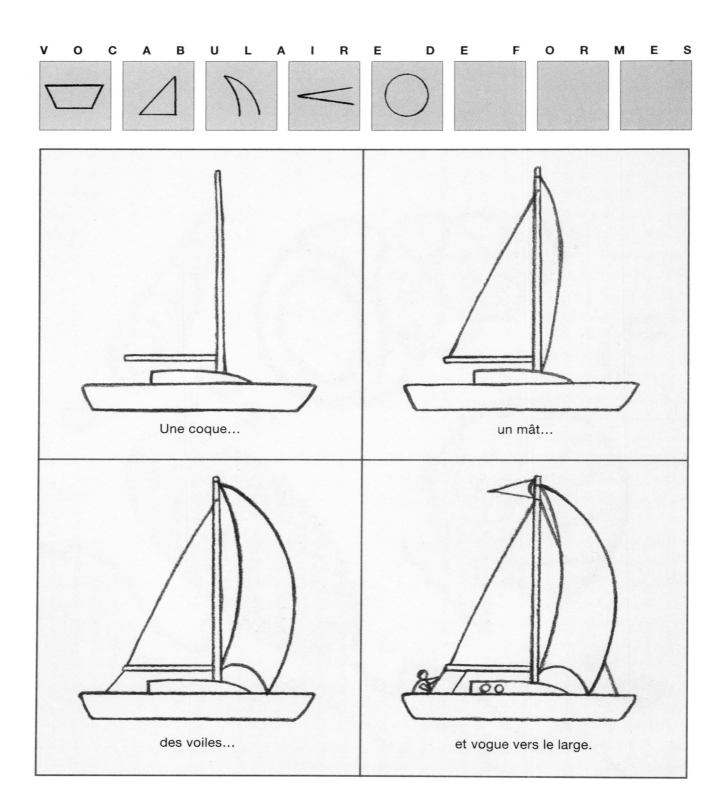

VOCABULAIRE DE FORMES

Une coque...

un mât...

des voiles...

et vogue vers le large.

Le voilier

Maintenant tu connais tout de la vie sur la mer et sous la mer.

Loi n°49-956 du 16 juillet 1949 sur les publications destinées à la jeunesse.

Direction éditoriale : Christophe Savouré
Direction artistique : Armelle Riva
Conception graphique de la collection : Isabelle Bochot

© 2007 Groupe Fleurus (1ʳᵉ édition 1993)
15/27 rue Moussorgski, 75018 Paris
Dépôt légal : mai 2007
ISBN : 978-2-215-09420-3
ISSN : 1257-9629
2ᵉ édition - n°92759

Imprimé en France par Qualibris